Christian Samuel Ulber

Das Göttliche im Carlsbade und der Christ in Adersbach

Christian Samuel Ulber

Das Göttliche im Carlsbade und der Christ in Adersbach

ISBN/EAN: 9783743366572

Hergestellt in Europa, USA, Kanada, Australien, Japan

Cover: Foto ©Lupo / pixelio.de

Manufactured and distributed by brebook publishing software (www.brebook.com)

Christian Samuel Ulber

Das Göttliche im Carlsbade und der Christ in Adersbach

Das
Göttliche im Carlsbade,
und der
Christ in Adersbach.

Beydes
nicht nur mit weltlichen, sondern auch
christlichen Augen
betrachtet
von
Christian Samuel Ulber,
Senior bey der Evangelischen Gnadenkirche vor Landeshut.

Neue und verbeßerte Auflage.

Hamburg,
verlegts Johann Ludwig Schwarz. 1770.

Kurzer Vorbericht.

Da eine neue Auflage dieser Schriften erfodert wird, indem die erste längst so abgegangen, daß sie in den Buchläden nicht mehr zu haben ist, und doch viele ein Verlangen darnach haben, auch mich darum schon oft ersucht haben, so habe ich endlich

darein

darein gewilliget, und ich finde nur für nöthig, wenigstens mit etlichen Worten die eigentliche Veranlaßung und eine nähere Erklärung der Sache vorzusetzen. Es geschah nämlich 1753, daß mich meine kränklichen Leibesumstände, und der Rath meiner Aerzte in das Carlsbad gehen hießen. Daselbst hatte ich nicht nur das große Glück, mit Sr. Excell. Herrn von Wallenrodt, königl. Protector der Königsbergischen deutschen Gesellschaft, bekannt zu werden, sondern ihn auch über alles mein Vermuthen zu meinem gnädigen Gönner und Freunde zu bekommen. Diese unverdiente Gnade gieng so weit, daß, da man mir bereits die Ehre angethan, mich zu einem Ehrengliede dieser berühmten Gesellschaft aufzunehmen, man mir nun auch ausdrücklich dieses Thema vom Göttlichen im Carlsbade zu mehrer Ausführung, und zum Stoff einer solennen Rede antrug. Da ich nun diesen Wink so willig als schuldig befolgte, um so viel mehr, da ich wirklich göttliche Krafft und Segen durch den Gebrauch des Brunnens zu meiner beßern Gesundheit erfahren, so ist solche auch hernach in Breßlau im Drucke erschienen. Weil aber dieser Druck nur auf einem Bogen,

daher

daher sehr klein und enge, überdieß auch sehr fehlerhaft war, so habe nun dießmal einen größern und deutlichern besorgt, in der Hauptsache zwar wenig und nichts geändert, aber doch hie und da manches verbeßert. Was die andre Schrift von Adersbach betrifft, so muß ich dieses anzeigen, daß nur die Prosa meine, die Poesie aber die Arbeit meines seligen Collegen, Herrn Ernst Leberecht Sempers ist, welcher hoffentlich unter den guten Poeten Schlesiens eine vorzügliche Stelle verdient. Wir beredeten uns 1756 mit einander, diesen überaus merkwürdigen Schauplatz der Natur, von dem wir eben nicht weit wohnten, in eine theologische Betrachtung zu nehmen, und hernach unsre verschiedene Gedanken gegen einander zu halten. Und weil sie vielen Freunden, die sie zu lesen bekamen, wohl gefielen, so ward auch von ihnen der öffentliche Druck begehret und befördert. Da nun auch davon fast kein Exemplar mehr vorhanden ist, und mein Verleger sich gern zu einer neuen Auflage erbiethet, so habe ich ihm auch hierinnen nicht entfallen wollen, in Hoffnung, daß sie auch noch manchem Naturliebhaber zum Vergnügen gereichen werde. Nur lege man, bitte ich, mir dieſes Unternehmen nicht als einen Trieb der eitlen Ruhmſucht aus. Gottlob! die plagt mich nicht, und der Autortitel hat längſt bey mir ſeine Krafft verlohren. Ich verſichere, dieſe Blätter würden nicht wieder zum Vorſchein kommen, wenn ſie nicht andre hervorgeſucht hätten, und ich wünſche nur, daß ſie ein jeder mit ſolchem gottsfürchtigen Herzen leſen möge, als ich ſie geſchrieben habe. Hamburg, den 1ſten September 1770.

C. S. Ulber,
Paſtor zu St. Jacob.

Wie viel unterschiebne Säfte
Trifft man nicht im Waßer an?
Welcher lebt, der ihre Kräfte
Zählen und begreifen kann?
Wie viel kalt' und warme Bäder
Zirkeln sich im Weltgeäder,
Deren balsamreiche Fluth
Wunder an den Kranken thut?

Brockes.

Wer noch nicht glauben kann, daß ein Gott ist, oder, wer ihn endlich zwar glaubt, aber sich nicht viel aus ihm macht, dem rathe ich, daß er in das Carlsbad reise? Wie? Was? welch ein wunderlicher Rath! gleich als wenn man einen Juden, den man bekehren will, auch vorhero nach Jerusalem schicken müßte. So ist Böhmen nur allein das glückselige Land, wo Gott der Herr wohnet, und jene Quelle soll es seyn, bey der man sich zu einem guten Christen

Christen trinken kann? Man gestehet ihr die Krafft zu, daß sie die Kranken gesund machen kann, aber wer wird so thöricht seyn, und ihr so gar die Krafft beylegen, daß sie auch Teufel austreiben, und neue Herzen schaffen könne? Weg mit dergleichen Träumen, die gar zu sehr nach dem Aberglauben schmecken! Unsere Tage, in denen wir leben, sind nunmehr zu licht, und die Welt ist viel zu klug dazu, daß sie alles zu Wundern, und fast jede Waßerkunst zu einem Triebwerk der Geister machen sollte. Uebereile dich nicht; du schlüßest fast so, wie jener Syrer, der sich auf seine Waßer Amana und Pharphar zu Damascon berief, und sich nichts weniger vorstellte, als daß er bey dem Jordan aus einem Götzendiener ein Anbether des wahren Gottes werden würde. Mein Freund! du warnest mich für dem Aberglauben, und ich warne dich für dem Unglauben. Ich suche wahrlich keine Ebenteuer, ich suche kein Heiligthum im Waßer, und ich weis gar zu wohl, daß zwischen jenem Gesundheitsbrunnen und einem christlichen Tauffstein ein gewaltiger Unterscheid sey. Ich sage nur, daß sich dort der Himmel besonders mit der Erde befreunde, und daß der ein sehr rohes Herz haben müße, der bey dem Anblick deßen nicht in eine empfindliche Ehrfurcht gegen seinen Schöpfer gesetzet werden sollte. Schweig, Spötter! schweig, der du sprichst: Ich bin da gewesen, ich habe aus der Quelle getrunken, ich habe im Waßer gebadet; aber mein Geist hat nichts empfunden, und ich bin nie in eine solche Entzückung gerathen. Es ist wahr, ich habe mich über so manche Seltenheiten verwundert, ich bin erstaunt, da ich dieses seltsame Spiel der Natur wahrnahm, und ich bin vergnügt, daß ich die Krafft davon in meinem Körper rühmen kann. Schande gnug, Elender! daß du weiter nichts, als das zu sagen weißt. Wie wenig hast du vor deinem Mopsen voraus, der zugleich mit dir da war? Er sah ja auch alles mit an, es kam ihm fremde vor, er aß und trank, und freute sich, da er wieder in seine Heimath kehrte. Das ist zwar ein gemeiner, aber höchst unverantwortlicher Fehler bey uns Menschen, daß wir nur immer bey dem Wunderbaren stehen bleiben, daß wir die Welt nur mit halben Augen, und zwar als ein künstliches Gebäude ansehen, aber selten nach dem Baumeister fragen. Laßt uns doch daran denken,

daß

daß wir Christen sind, die jeden Bißen Brodt und jeden Trunck Waßers mit Dankſagung empfahen müßen. Wenn die Himmel die Ehre Gottes erzehlen, ſo müßen wir auf Erden nicht ſchweigen; und es ſey daher nicht gnug, daß wir auch den weltberühmten Ort und den böhmiſchen Wunderbrunnen kennen; laßt uns vielmehr auf die Hand merken, die ihn zuerſt gegraben hat.

Das Göttliche im Carlsbade ſoll demnach der erhabne Stoff meiner Betrachtung ſeyn, und ich will die Welt lehren, wie ſie bey dieſer edlen Quelle auch edel denken ſolle. Man frage mich nicht lange, warum ich ſo weit gehe, und den Herrn der Herrlichkeit erſt in einem fremden Lande aufſuche? Iſt er uns nicht überall nahe genug? Haben wir nicht ſelbſt mineraliſche Waßer die Menge? Haben wir an manchen Brunnen und Bädern nicht auch in unſern Grenzen recht augenſcheinliche Fußſtapfen des gütigen Gottes, die vom Fette triefen? Noch mehr! Iſt nicht jeder Teich, jeder Fluß, jedes ſchlechte Waßer ein täglicher Spiegel, in welchem wir das Bild einer unendlichen Majeſtät erblicken? Du haſt recht. Gott iſt auch im Kleinen groß, und der geringſte Waßertropfen, der am Eimer hangt, iſt ſo was göttliches, daran ſich unſere Augen nicht ſatt ſehen, und unſer Verſtand ſich nicht genug kann ſchämen lernen. Allein, Menſch! du biſt ſelbſt Schuld daran, daß ich hier vorüber gehe. Warum verachteſt du alles, was dir zu gemein dünket? Warum rührt dich das ſo wenig, was du zu oft berühreſt? Warum ſuchſt du immer etwas ſeltſames, und forderſt außerordentliche Zeichen, wenn du glauben ſollſt? Nun eben dich, unachtſamer Sonderling! dich rufe ich auf, und will dich darum ins Carlsbad führen. Siehe da ein Meiſterſtück deines glorwürdigen Schöpfers; ſiehe hier einen Brunnen, der dir lauter Räthſel quillt. O! daß er dir auch ein Brunn des Anrufers würde, und du dabey auf den Geſchmack der Religion und Tugend kämeſt! Wer hier nichts göttliches ſiehet, dem ſage ich ins Angeſicht, daß ich auch an ihm nichts chriſtliches ſehe.

Wie iſt dieſer Brunn entſtanden? Wie iſt er der Welt bekannt worden?

worden? Das ist billig unsre erste Frage. Einer von den Göttern auf Erden, ein Fürst, ein römischer Kayser, hat ihn entdeckt. Und o was ist nur dieses schon für ein großer Gedanke! Er hat ihn gefunden, da er ihn nicht gesucht. Sein Spürhund, indem er dem Wilde nacheilet, verfällt in diese warme Sümpfe, und seine verbrannte Haut wird ein Zeichen, daß in dieser Einöde ein Eden, und in diesem Eden ein Pison vorhanden, der mehr als Goldes werth sey. Göttliche Schickung! So muß das unvernünftige Vieh den vernünstigen Menschen klug machen, und eine Jagd, bey der man auf das Tödten ausgehet, dem menschlichen Leben einen so wichtigen Vortheil schaffen! Wie? Das klingt zu fabelhaft? Aber was ist unmögliches, was ist unwahrscheinliches an dieser Geschichte? Ist nicht der Name, den dieser Ort bis auf den heutigen Tag führt, Bürge genug für die Wahrheit? Doch gesetzt! es wäre ein Mährlein, so ist doch der Brunn wirklich da; seine Krafft ist schon über vierhundert Jahr bekannt, und es muß doch jemand der erste seyn, der auf diese glückselige Spur gerathen ist. Es sey nun ein Herr oder ein Knecht, ein Thier oder ein Mensch gewesen, so frage ich: Wer hat ihn auf diese Spur geführt? Warum ist diese Quelle eben an dem Tage, warum nicht hundert Jahr eher, warum nicht vierhundert Jahr später entdecket worden? Sollte nicht noch hie und da mancher Schatz, und vielleicht auf dem Platze, da du itzt stehest, noch eine viel heilsamere Quelle verborgen seyn, und wenn, und wie wird die an den Tag kommen? Wer hier alles auf ein Ungefähr, bloß auf ein blindes Glück und Schicksal deuten wollte, der denkt zu niederträchtig, daß er keine Antwort verdienet. Wer hat des Herrn Sinn erkannt? So denkt ein Christ. Wie unerforschlich sind seine Wege!

Laßt uns näher zu diesem göttlichen Gestiffte treten. Wie reizend wird mir schon der erste Blick, den ich nur von ferne hin werfe! Welch eine anmuthige Lage! Welch ein prächtiger Schauplatz! Was sind das für Thürme, was sind das für Mauren, mit welcher die Natur ihr Kleinod verschanzet? Ihr ungeheuren Berge! Ihr erstaunlichen Felsen und Klippen! Wahrlich! das muß ein erstaunlicher Meister, das

muß

muß die Allmacht selbst gewesen seyn, die euch hieher gesetzt hat. Ich vergeße mich, wenn ich euch ansehe. O! was ist der Mensch für ein Sonnenstäublein gegen euch, und besonders was für ein Thor, wenn er groß thut. Lernet doch hier, ihr Großen auf Erden! klein werden. Veraget mir nicht, daß ich euch nun ohnmächtige Würmer nenne. Werden eure erhabensten Thaten nicht auf einmal zu Zwergen, wenn ihr diese Riesen aus der Hand Gottes dagegen haltet? Und ist nicht der niedrigste Hügel höher als alle unsre Vernunft? Ja, nun erkenne ich dich, ewiges Wesen! nun bethe ich dich an, da die Erde selbst ihre Arme bis an die Wolken empor hebet. Einst kommt ein Tag, an welchem diese Grundfesten erbeben, diese Felsen zerschmelzen, diese Berge einstürzen, und der Sünder das ein Glück nennen wird, wenn alles über ihn fallen wollte. Erschrecklicher Gedanke! der mir bey diesem erstaunlichen Anblick den göttlichen Richter in seiner letzten Erscheinung darstellet!

Jedoch! ich schweife vielleicht zu weit aus. Wo bleibt mein Brunn, den ich suche? Ich muß diese Kluft hinab steigen, dort in jener Tiefe, dort in jenem Thale, in jenem Winkel, dort am Ufer des Töpelflußes, da liegt die vortrefliche Perle, die so viel vortrefliche Steine eingefaßt haben. Was hat der hier, was hat die Lauge bey dem Nardenwaßer zu schaffen? Mich zu lehren, was niedrig ist vor der Welt, das hat Gott erwählet; mich zu lehren, daß Armuth und Reichthum beständig Nachbaren, und daß das Edle mit dem Unedlen immer verschwistert sey. Uberdieß sehe ich den Brudel, doch ohne Vermischung, auch in fremden Waßer seinen eignen Weg fort gehen. Das lehret mich, meinem Gott auch in der Fremde treu zu seyn, und mitten unter dem unschlachtigen Haufen mein Gewißen unbefleckt zu erhalten.

Und nun! wie soll ich deine Wunder gnugsam aussprechen, du herrlicher, du göttlicher Brunn? Man darf dich nur von außen betrachten, so wird man auch fast selber außer sich. Auch diesen Augenblick übereilet mich wider ein Schauer, der mich desjenigen Augenblicks erinnert, da ich dich das erstemal erblickte. Wie bestürzt stand ich da, gleich einem,

nem, der kaum mehr weis, ob er träumet oder wachet. Ich sahe ein kochendes Waßer, ich sahe eine glüende Erde, ich sahe einen Rauch aufsteigen, gleich einer Wolkensäule, doch ohne Feuer; kurz! ich sahe lange, ich sahe viel, und für Dampf und Nebel sahe ich auch nichts. Gott! wie ward mir da zu Muthe, als ich das alles sahe! Mein ganzes Herz regte sich, und fieng zugleich an zu schmelzen. Ist das etwan, dachte ich, der Vorhof der Höllen? Ist das etwan die Schwelle jenes ewigen Rauchhauses, jenes Pfuhls, der mit Feuer und Schwefel brennet? Doch nein! Hier ist kein Fluch, hier ist lauter Segen. Hie ist kein Regen über Sodom und Gomorrha. Hie ist kein gräßlicher Vesuv, der Felder verschlinget und Menschen verjaget. Hie ist ein Feuer, welches Feuer löscht; hie ist eine Hitze, die die unmäßige Hitze abkühlt; hie ist ein Waßer, das die Waßersucht vertreibet. Hie ist ein Ort, wo alle Elemente dem Menschen zum beßten dienen. Gott! wie faltete ich da meine Hände, und seufzte bey mir selbst: Wo ist so ein Gott, wie du bist?

Allein, laßt uns dabey noch etwas forschen. Warum ist dieß Waßer so heiß, und was ist das für ein Feuer, bey welchem es siedet? Vielleicht ist es die Sonne, die das Mark der Erde erhitzt. Aber warum sind andre Brunnen kalt, die eben dieselbe Sonne bescheinet? Vielleicht macht es der starke Fall des Waßers, das, da es über Eisenerz, Schwefelkies, oder Steinkohlen herab stürzt, durch die so gewaltige Bewegung erwärmet wird. Aber warum verliehren diese nicht nach und nach ihre Kräffte? Vielleicht ist es gar eine unter der Erden hellbrennende Flamme, deren Gluth alles entzündet, was ihr zunahe kommt. Aber warum erstickt diese Flamme nicht, da sie keine Luft hat? Vielleicht – – Möchten wir doch unsre ungewiße Urtheile sparen! Wir haben mehr Ehre, wenn wir unserm Schöpfer zu Ehren ausrufen: Er tastet die Berge an, so rauchen sie. Sehet ferner einen Brunnen, der immer quillt. In einem Zeitraum von so viel hundert Jahren ist er noch nicht einmal vertrocknet. Er quillt Tag und Nacht, auch in der größten Hitze, wenn alle andere Quellen versiegen. Er quillt immer warm,

warm, und in der strengsten Kälte bleibt seine Hitze, die so heftig
ist, daß sie auch über der Erde auf den Gängen keinen Schnee duldet.
Mensch! wie viel Holz würdest du brauchen? und würden denn auch,
ihr sämmtlichen Potentaten! alle eure Wälder zureichen, einen so ungeheuren Ofen zu unterhalten? Hält man das Ohr an manchen Plätzen
an die Erde, so höret man ein immerwährendes Brausen, als wenn
Bälge mit ihren Winden eine Gluth anbliesen. O ein Gott, bey
dem kein Wechsel, der gestern und heute ist! O Tiefen der Gottheit,
die niemand ergründen kann! Und wie stark quillt denn dieser Brunn?
Nicht tropfenweise, sondern mit vollen Strömen, und das nicht nur an
einer, wohl an zwanzig und mehr Stellen. Sonderlich thun sich drey
Hauptthüren auf, aus deren jeder ein Waßerstrahl, dicker als der Arm
eines Mannes, und zwar mit solcher Gewalt heraus spritzt, daß er bey
drey Ellen in die Höhe steiget; und wenn gleich täglich tausend Menschen
davon trinken, so wird doch nicht der tausende Theil verzehret; es bleibt
dennoch ein Vorrath von Millionen übrig. Es fließt so stark, daß er
in einer Stunde funfzig Centner Waßer liefert. Woher eine so entsetz-
liche Menge? Hat dieser Brunn etwa mit Seen und Meeren eine Ge-
meinschaft? Nein, diese liegen viel zu tief, und es ist wider die Gesetze
der Natur, daß ein Fluß den Berg hinan laufen kann. Oder ist etwa
wo ein Teich vorhanden, der durch eine verborgene Kluft sein Waßer
hinschickt? Nein! dieß ist wider den Augenschein, und wo nähme dieser Teich wieder so viel Waßer her, als er von sich giebt? Oder macht
der Schnee und Regen, der Thau und Nebel solchen Zufluß? Nein!
das ist wider die Erfahrung; denn auch in den dürresten Jahren, und
in den heißesten Sommertagen, kann man am Brudel nicht den gering-
sten Abgang merken. So tretet denn her, ihr Weise dieser Welt, und
versucht eure Künste. Doch trit lieber bezeiten zurück, schwache
Vernunft! und sprich: Solch Erkenntniß ist mir zu wunderlich. Wie
köstlich sind vor mir, Gott, deine Gedanken! Wie ist ihr so eine große
Summa! Aber warum so eine große Summa von Waßer? Da-
rum, weil hier Gottes Brünnlein ist, das hat immer Waßers die Fül-
le. Darum, daß auch der Arme frey schöpfen kann. Darum, weil

der himmlische Arzt seine Tropfen niemanden zuzählt. O der freygebige Arzt! O der gnädige liebe Gott!

Siehe da ein neues Wunder! Siehe ein steinernes Waßer! ich komme hier zu einer Eigenschaft unsers Brunnes, die auch die wildesten Heyden rühren muß. Ein jeder, der nur je etwas von Carlsbader Tofstein gesehen, wird mir Recht geben. Wo dieß Waßer nur fließt, da setzt es auch diesen Sinter an. Was ist denn das für ein Stein? Ein Stein, so hart wie ein Fels; ein Stein von mancherley Farben, gleich wie ein Marmor, den man nach Belieben schleifen kann; ein Stein von mancherley Figuren, der bald die Bildung einer Weintraube, bald einer Erbsen und Linsen, bald auch eines Eiszapfens darstellet. Ich halte es für einen erbaulichen Gedanken, wenn man eine solche steinerne Pyramide als einen Finger Gottes ansiehet, der auf das steinerne Herz weiset. Unser Brudel versteinert auch andere Dinge, daran sein Waßer schlägt. Die hölzerne Röhren, in denen er seinen Gang hat, gewinnen steinerne Wände. Man siehet versteinerte Blätter, versteinerte Früchte, versteinerte Eyer und Krebse. Und dieß versteinernde Waßer trinkt der Mensch? Ist das möglich? So wird auch wohl sein ganzer Körper zuletzt eine Steingrube werden? Nichts weniger denn das! Bey diesem wird vielmehr die Härte erweicht, und mancher Stein in den Nieren aufgelöst. Hier frage ich die ganze Welt, ob sich noch jemand ein Wort gegen die Haushaltung des Himmels zu murren getraue, und ob man nicht rasend seyn müßte, wenn man den Gott, der so viel Menschenliebe hat, noch haßen wollte?

Was soll ich von dem treflichen Salze sagen, das hie und da an den Felsen, an den Mauren und Rinnen hervor bricht? Diese schöne und länglichte Crystallen, diese artige Schneespitzen, sind sie nicht deutliche Beweise, daß die Natur alle unsre Kunst beschämet? Was soll ich von dem trefflichen Badeschaume sagen? Diese zarte, weiße, glänzende Decke, diese steinerne Haut, die das Waßer überzieht, prägt sie nicht manchen den Wunsch ein, daß er seine Haut damit wandeln möchte? Wenn
würde

im Carlsbade.

würde ich fertig werden, wenn ich alles das Schöne beschreiben wollte, was uns in diesem kleinen Bezirk auf allen Seiten in das Auge fällt?

Bisher haben wir nur gleichsam die Schalen gerühmet, was wird nun erst gutes am Kerne selber seyn! Bisher haben wir nur gesehen, nun sollen wir auch schmecken, wie freundlich der Herr sey. Die innerliche Tugend, die kräfftige Wirkung, der ausnehmende Nutzen, den dieser Brunn schafft, das ist erst ein Feld, wo Güte und Treue einander begegnet, und Weisheit und Macht und Liebe sich küßet. Ich will hie gar nicht die eigentliche Bestandstheile untersuchen, ich bekümmere mich weder um die chymische noch um die hydrostatische Gesetze; ich will auch nicht behaupten, daß unser Carlsbad ein nothwendiges und allgemeines Mittel wider alle Krankheiten sey; ich weis die Beyspiele jener Unglückseligen, die unter den hitzigen Dämpfen und Dünsten erstickt sind. Allein, das behaupte ich, daß dieses Waßer die Krafft habe zu heilen, was sonst weder Kraut noch Pflaster heilen können; daß es alle Adern durchdringe, das Geblüt und den Schleim verdünne, die Schärfe und Säure dämpfe, die schwachen Theile und Lebensgeister stärke, und daß überhaupt ein überschwänglicher Segen darinnen verborgen sey. Mithin habe ich auch Recht zu behaupten, daß unser Carlsbad eine wahre Panacee, und wo nicht ein Göttertrank, doch ein Nectar zu nennen, den uns Gott selbst aus seinem Becher zum Labsal darreicht. Und denkt nur Kinder! was unser Vater noch mehr thut. Wein ist noch nicht genug; er gießt uns auch Oel, auch das ist noch nicht genug, er gießt auch Balsam in unsre Wunden. Das sind die dreyfachen Quellen dieses Ortes, die ich meyne. Das sogenannte Mühlbad, ist ein sanftes, leichtes Waßer, am tauglichsten zum Baden, und hat dieses voraus, daß es am meisten vitriolisch ist. Der Neubrunn, ist ein etwas stärkres Waßer, und so zu reden, das Mittel unter beyden, indem es eilf Grad heißer als jenes, und siebenzehn Grad kühler als der Brudel ist, und hat dieses voraus, daß es den mehresten Schwefel bey sich führet. Der Brudel, als der Hauptbrunn, ist der König unter allen, und hat dieses voraus, daß man bey ihm allein selenitische Erde antrifft. Wenn

der

der erstere die allzugespannten Nerven schlaff macht; so macht der letztere die allzuschlaffen steiffer. Wenn dieser ja manche schwache Gefäße zerrieße, so schleichen sich die andern ohne Gefahr hindurch. Das heißt so viel: Wenn ja eines nicht hilft, so hilft das andre. Das heißt so viel: Herr, wie sind deine Werke so groß und viel, du hast sie alle weislich geordnet, und die Erde ist voll deiner Güte. Das heißt so viel: Auf daß niemand betrübt von deinem Antlitz gehe. Laßt uns doch alle niederfallen, und anbethen. Laßt uns auch dreymal den Herrn flehen, und nicht nur seine Linke, sondern auch seine Rechte, und zugleich auch die Füße küßen.

Endlich tretet alle herzu, ihr gesund gewordenen Patienten! und drückt meinen Worten das letzte Siegel auf. Ich könnte mich zwar auf die ganze Versammlung unserer Brunnengäste berufen. Siehe, welch eine kleine Welt voll Menschen, die hier einander unverhofft kennen lernen. Bild der Ewigkeit! wo die vom Morgen und die vom Abend zusammen kommen werden. Hie sind Menschen von mancherley Zungen und Trachten, Christen und Juden, Herren und Knechte, Arme und Reiche, die aber alle ein Gott erschaffen, und die an ihrem Fleische fühlen, daß sie Menschen sind; Menschen, deren Leben ein elend jämmerlich Ding ist, ob es sich gleich in Sammet und Seiden, oder in einen leinenen Kittel einhüllt; Menschen, die auf Erden keine bleibende State haben. Möchten sie doch auch fühlen, daß sie Sünder sind, die ihre erste göttliche Gestalt verlohren, und das Zeichen der Thorheit an ihrer Stirne tragen; Mißethäter, die eben darum hier sind, weil sie den Tod verwürkt! Und möchten doch alle diese Elende mit solchem Ernst ihre Seele, so wie ihren Leib, zu retten suchen! Welch ein Gedränge würde un den Heilsbrunnen auf Golgatha, und wie voll würde einst der Himmel seyn. Euch, ihr ehmaligen Krüppel, euch, ihr Aussätzige, euch, ihr Gichtbrüchtige, Schwindsüchtige, und alle ihr Kranke, die ihr nun genesen, euch fordere ich besonders auf, daß ihr als lebendige Zeugen beweiset, was dieses Waßer für große Dinge thut. Wie viel sind euer, die ihr als Todtengerippe hergekommen, und als blühende Rosen weggegangen? Wie viele, die heute liegen und faulen würden, wenn sie diese

Cur

im Carlsbade.

Cur nicht noch aus dem Grabe gerißen hätte. Hier gerathe ich in eine gewiße Zärttlichkeit, die mein ganzes Herz wallend macht. Ich denke an Gönner, die werth sind, daß ihr Name im Buche der Lebendigen oben an stehe; ich denke an Freunde, denen ich jeden Tropfen, den sie getrunken, zweymal segne, und deren grauen Haaren ich wenigstens noch eine Hiskias-Frist wünsche. Aber ist das wohl gnug, daß man von Hülfe und Beßerung redet? Ists damit gnug, daß ihr die Krafft des Brunnen rühmet, und ihn ein ander Bethesda nennet? So meynet ihr nur, was menschlich, nicht was göttlich ist. Vergeßet den Engel nicht, der das Waßer nothwendig bewegen muß. Hätte der Himmel nicht sein Hephata dazu gesagt, eure Bande würden gewiß noch nicht gelöset seyn. Habt ihr denn auch euren Wohlthäter gnugsam gepriesen? Habt ihr dem Brunnen gedankt, der eure Lebenssäfte gestärket hat? Kehret heute noch um mit dem Samariter, und gebet Gott die Ehre. Er war es, der dem Waßer die Krafft, und zum Begießen das Gedeyhen ertheilte. Ach! wenn ihr diesen Liebhaber eures Lebens recht kennetet, ihr bäthet ihn, und er gäbe euch lebendiges Waßer.

Doch, was höre ich? Klage, Ach und Wehe, das ist die Stimme derer, denen weder das Bad noch der Trank geholfen hat. Ich höre das Winseln derer, die noch immer krank sind. Das irrt mich gar nicht. Gott bleibt doch ein großer, ein weiser, ein frommer Gott, wenn gleich die Ungedult sich wider ihn empören wollte. Lieber! was klagest du, daß der Brunn nicht angeschlagen? Könnte dieser schlechterdings helfen, so würde auch der Brunn nur dein Gott seyn. Welch ein majestätischer Schöpfer, der allein die Macht hat, mit dem Seinen zu thun, was er will; der sich an keine Regel noch Mittel bindet, und auch dadurch Ehre einlegt, daß er die menschlichen Anschläge zu Waßer macht. Wundere dich nicht über deine anhaltende Gebrechen, vielleicht halten deine Verbrechen noch immer an. Nun, Sünder! werdet nüchtern, und lernet es glauben, daß euer Schade verzweifelt böse sey. Nun suchet die Salbe aus Gilead, und flieht zu dem, der da kommt mit Waßer und Blut. Nun zeiget durch eure Gedult, daß die frommen Kreuzträger Helden sind, die auch bittre Kelche trinken können. Nun, da euch die Erde ihre Hülfe versagt, so eilet destomehr dem Himmel zu, und da euch alle Hoffnung zum Leben vergehet, wohl euch, daß Gott euch in eine Schule geführt, in der ihr sterben gelernet.

Ich höre noch eine Stimme, und ein noch traurigers Klagelied: Ach! mein Freund ist hingezogen, und nicht wieder zurück kommen; er hat gar im Carlsbade sein Grab gefunden. Auch dieses irret mich nicht. Ist dein Freund selig verschieden, so hat er auch daselbst seine Erlösung gefunden. Die Erde ist überall des Herrn. Was liegt denn daran, wenn er auch über Carlsbad seinen Weg zum Himmel genommen hat? So ist er bey diesem Brunnen auf ewig gesund worden. Und wie? wenn Gott durch diese Thränen, in denen du dich badest, deine eigne Seele rein zu waschen anfienge!

Eins, eins aber liegt mir am Herzen. Ich meyne das ungöttliche Wesen der Welt, das ich daselbst antreffe. Jener Schwarm der Frevler, die das Unrecht sauffen, wie Waßer; jene Flucher, jene Trunkenbolde, jene üppigen, jene gottsvergeßnen Seelen, die sich in den Pfützen der Wollust und Eitelkeit welzen, das beugt mich, wenn ich an dieser gesegneten Stäte auch einen Werbeplatz des Satans erblicken muß. Warum wirst du, Quelle, nicht eher zur Feuerflamme, warum nicht zum Gift auf der Zunge dieser Undankbaren? Doch ich besinne mich! Dadurch verherrlichet sich eben die Langmuth des Erbarmers, und desto ehrwürdiger wird die Tugend, wenn ihr Licht mitten in der Finsterniß leuchtet. Und noch eins ist noth. Ach! wenn auch hier für die Religion ein freyer, offener Brunn wäre, und sie die Freyheit erhielte, (möchte es auch nur auf die kurze Brunnenzeit seyn,) ihren Gott mit evangelischem Dienste zu ehren! Wie ungleich mehr, und wie brünstigere Seufzer würden den gebiethenden Zepter stärken. O! ein recht königlicher Gedanke! O recht christliche Gnade! O nun ein Brunn Israel, der auch bis in das ewige Leben quillt! O ein recht göttliches Carlsbad!

Der Christ
in
Adersbach.

Jof. 4. v. 21. 22.

Wenn eure Kinder ihre Väter fragen werden, und sagen: Was sollen diese Steine? So sollt ihrs ihnen kund thun.

Hiob 14. v. 18. 19.

Zerfällt doch ein Berg und vergehet, und ein Fels wird von seinem Orte versetzt. Waßer wäscht Steine weg, und die Tropfen flößen die Erde weg.

Psalm 46. v. 9.

Kommet her, und schauet die Werke des Herrn, der auf Erden solch Zerstören anrichtet.

Mensch! was dünket dich, wenn du dieses Bild betrachtest? siehe einen steinernen Wald. Wunderlicher Einfall eines witzigen Kopfes! wirst du sprechen. Solche Bäume wachsen vielleicht nur in Utopien. Was werden die Maler und Poeten nur noch für Ebentheuer träumen! Endlich werden sie wohl auch gläserne Berge oder gar eine neue steinerne Welt schildern. Uebereile dich nicht, mein Freund, mit deinem Tadel. Hier ist kein Gedicht. Hier ist ein Bild, was die Natur selber gezeichnet, und du wirklich in Lebensgröße schauen kannst. Ich kann dir nicht nur Ort und Stelle, nicht nur das Land Böhmen, nicht nur das Dorf Adersbach nennen, wo du es antriffst, ich kann dir auch hundert und tausend Zeugen vorstellen, die es alle und mehr denn einmal mit eignen Augen gesehen haben. Wahrlich! es ist auch werth, daß man es siehet, und eine Schande für dich, besonders der du in der Nähe wohnest, wenn du es noch nicht zu sehen verlangt hast. Wenn der noch ein weiser Mann heißt, der bis nach Großcairo reiset, um eine Pyramide zu messen, so ist derjenige gewiß ein Thor, der die Wunder nicht achtet, die vor seiner Thüre stehen.

Jedoch, vielleicht bist du da gewesen, und kannst davon aus Erfahrung reden. Wohlan! so frage ich dich nochmals: Was dünket dich um dieses Steingebirge? Fiel dir nicht auch schon, da du es kaum von ferne erblicktest, der Seufzer ein: Meister, welche Steine, welch ein Bau ist das! Laßt uns erstlich auch nur als Menschen hinzu treten, die nur sehen und empfinden, was vor Augen ist. Aber was sehen wir, was empfinden wir? O ein reizender, o ein vortreflicher Schauplatz! der alle unsere Sinnen bezaubert und den klügsten Geist in Erstaunen setzt. Was seyd ihr dagegen, alle ihr römischen Amphitheater, wenn ihr am prächtigsten seyd? Kaum wie ein Nordschein gegen eine aufgehende Sonne. Wie rege wird auf einmal unsere Einbildung! Jener meynt, als ob er eine belagerte Festung mit ihren zerschoßenen Mauren und Wällen, dieser, als ob er gar die Ottomannische Pforte mit ihren Thürmen und Spitzen, jener, als ob er lauter ägyptische Mumien in ihrer künftigen Auferstehung, und dieser, der noch am wahrscheinlichsten denkt, als ob er lauter Crystallen Zacken auf ihrer Mutter, wie sonst im Kleinen, hier im Grossen wahrnähme. Doch weg mit der bloßen Phantasey, die uns zuletzt auch nur zu Phantasten machen würde. Laßt uns nun auch als Christen hinzutreten, und dieses Gebirge als ein ander Paran ansehen, wo der Herr hervor bricht. Laßt uns unsern erhabnen Schöpfer in seiner irrdischen Majestät bewundern, und der vornehmste Gedanke, der uns dabey einkommt, müße dieser seyn: Groß sind die Werke des Herrn! Alle Lande sind seiner Ehre voll.

Wie? hie hätte Gott nichts zu schaffen? Diese Steine wären doch wohl nicht etwa vom Himmel herunter gefallen. Aber Lieber, wo kommen sie denn eigentlich her? wenigstens muß der Himmel doch von ihnen wissen, weil sie sonst nicht auf der Erde stünden, und ist es doch, da sie sich allesammt in die Höhe richten, als ob sie uns selber anwiesen, daß ihr Urheber über den Wolken wohnte. Unmöglich kann dieß ein Bau von Menschenhänden seyn. Wer das behaupten wollte, der hat entweder Adersbach noch nicht gesehen, oder er kennet sich selbst noch nicht,

in Abersbach.

nicht, daß er ein Mensch ist. O die ohnmächtigen Würmer, die kaum auf ihren eignen Füßen stehen können, was werden die den Bergen für Pfeiler setzen! Möchten sie auch, wenn sie ihre Kunst aufs höchste trieben, zur Noth im Stande seyn, einen ziemlichen Obelisken aufzuführen, aber so ein Werk zu zimmern, solche Säulen zu schnitzen, das müßen sie wohl bleiben laßen, und wenn es Bezaleel, ja wenn es König Salomo selber wäre. Oder hat es der Feind gethan? Sollen das etwa Fußstapfen der Teufel seyn, die einst der Beschwörer in ein Joch gespannt, und diese Felsen umackern laßen? Dieser Gedanke ist so unvernünftig, daß ich mich fast schäme, daß ich ihn der heutigen vernünftigen Welt nur gesagt habe. Wie? das wäre nur ein Spiel der Natur? sie wären so gewachsen, diese Steine, und da sie die Erde gezeugt, von ungefähr zu solchen Krüppeln und Ungeheuren geworden. So mag wohl ein Heyde, so mag ein Spinoza sprechen, weil sie selbst nur Mißgeburthen menschlicher Seelen sind. Abscheulicher Wahnwitz! Alles was man siehet, Berg und Thal, Wald und Waßer, Menschen und Vieh zur bloßen Natur machen, das ist ein klarer Beweis, daß man auch von Natur ein Thor sey. Unbesonnener! Was ist denn die Natur? ein Ding, das du selber nicht verstehest. Und wer hat denn die Natur gemacht? Von wem hat sie denn so spielen gelernet? Warum hat sie nicht auch mit dir gescherzt, und dich etwa zu einem Rinde oder gar zu einem solchen Steinklumpen gebildet? Wo stehet denn ein Haus, das sich selbst gebauet hat? Ist der Edelstein an deinem Finger auch da gewachsen, und wie kommt es denn, daß er nicht mehr roh, sondern geschliffen ist? Antworte mir auf diese Fragen. Du verstummest. Wohl! so will ich reden. Von Gnade will ich singen, und einen übernatürlichen allmächtigen Schöpfer des Himmels und der Erde, einen Gott will ich preisen, welcher Herr über die ganze Natur, und dabey die Weißheit und Liebe selber ist. Ich will der Religion zur Ehre auftreten, und dem Unglauben zur Schande zeigen, was ein Christ bey diesem Steingebirge für ungleich schärfre Augen, für eine klügre Sprache, für ein edleres Herz habe.

Ja!

Ja! ja! du bist es, ewiges, unsterbliches, allgegenwärtiges Wesen! deßen Spuren ich hier zur Rechten und Linken erblicke. Du bist es, gewaltiger Herrscher aller Creaturen! vor dem ich elender Staub niederfalle, und mich, ob ich auch ein Prinz wäre, ganz und gar vergeße, wenn ich vom Sandkörnlein zum Mühlsteine, vom Mühlsteine auf diese entsetzlichen Felsen, von diesen zu dir steige, und dabey den Schluß mache: Wie hoch, wie groß muß erst der seyn, der das alles in seiner Hand hat, und der nur gebeut, so stehet es da. Du bist es auch, herrlicher, anbethenswürdiger Gott! dem ich billig an dieser Städte einen Bergaltar aufrichte, darauf ich mein ganzes Herz opfere, und da ich alle Zungen herbey rufe, daß sie mit mir ein Te Deum anstimmen.

So kommt denn, Freunde der Tugend, und laßt uns diese Kunststücke ihres göttlichen Meisters etwas näher betrachten. Wo fangen wir aber an, daß sich unsere Vernunft nicht bald mit den ersten Schritten in dieser seltsamen Steinwelt verirre, und o! was entdecken wir schon für Wunder, wenn wir sie nur überhaupt mit flüchtigen Blicken durchwandern. Wären auch nur zehen, ja nur zween oder drey solche Felsen da, schon würden wir uns an ihrer Pracht nicht satt sehen können, und wenn wir hundert Augen hätten. Doch hier ist ein ganzer Wald solcher steinernen Cedern, ein Bezirk, der fast vier Meilen im Umfange hat. Wie reich ist doch mein Gott an Zeichen seiner Herrlichkeit! Kaum entschlüße ich mich, davon zu sagen und zu erzählen – so muß ich auch schon meine Schwachheit bekennen, und hinzu setzen: wiewohl sie nicht zu zählen sind. Wie die Menge dieser Felsen, so ist auch ihre Höhe erstaunlich. Sie halten zwar nicht alle einerley Maaß; einige sind niedriger, und gleichen nur verfallenen Gewölbern; doch giebts auch viele, die auf achtzig, hundert und mehr Schuhe steigen, und unsern höchsten Thürmen gleich sind. Die meisten, wo nicht alle, stehen dabey gerade auf, bleyrecht, als ob sie gegoßene Kerzen wären. Sehet da unsern obersten, unsern vollkommenen Baumeister, der, wenn wir auch unsern babylonischen Thurm nicht fertig machen, doch gewiß

in Abersbach.

wiß sein Werk herrlich hinaus führet. Sehet da die göttliche Rangordnung unter den Menschen, wie Kleine und Große, Herren und Knechte, gekrönte Häupter und Betteleute von Gott und Rechtswegen neben einander gehören, wie sie bey der Ungleichheit ihres Standes doch alle an sich selbst einerley Sand und Erde sind, und wie ein jeder billig, wo er geht und steht, aufrichtig seyn, und nur nach dem trachten soll, das droben ist. Auch ihre Breite und Dicke ist unterschiedlich, wiewohl die mehresten vier, fünf Ellen im Durchschnitt haben, und den stärksten Basteyen ähnlich sind. So stark und dicht mir aber alle diese irdischen Basteyen und Bollwerke schienen, so wandte ich mich doch in der Stille zu Gott, und seufzete: Du bist mein Fels, meine Burg, darauf ich traue; zumal, wenn ich den seichten Grund bedenke, auf dem sie ruhen. Dieser ist ein wäßeriger Sand, der über eine halbe Elle tief, und so locker ist, daß er unter den Füßen weicht. Euer Bild, Pharisäer! die ihr auch nicht Stand haltet, und deren Buße und Glaube nur in naßen Augen und sanften Worten bestehet. Manche stehen ganz frey auf einer ebenen Wiese, wie Becher auf einem gedeckten Tische. Manche sind unten so schmal, und oben zu so schief und abhängig, daß man ihren Umsturz fast alle Augenblick vermuthet. Wie fest, wie sicher steht doch der, welcher in Gottes Gnade ruht, ob er auch in menschlicher Gnade nur auf einem Fuße, und mit seinem Glücke auf einem Triebsande stünde.

Aber sind denn diese Steine auch sehr hart? Nichts weniger als dieß. Ihr innerlicher Gehalt ist nur Sand und milder Kieß, den man leicht zerreiben kann. Sie sind so mürbe und schwammig, daß das Regenwaßer ihren ganzen Körper durchdringt, und sie daher auf allen Seiten gleichsam beständig schwitzen. Beschämen sie euch nicht, ihr rohen Sünder! die ihr ein Angesicht härter als ein Fels, die ihr ein so steinern Herz habet, das auch nicht das Blut Jesu Christi erweichen, und von denen auch die beweglichste Vorstellung kaum ein Paar Thränen erpreßen kann. Diese Klippen, so dürre und so kahl sie auch oben sind, dennoch sind sie nicht ganz ohne Frucht, sondern bringen gleichwohl

wohl aus der wenigen dazwischen liegenden Erde noch einige Bäume hervor. Zwar ein Spiegel solcher Zuhörer, bey denen das Wort nur auf einen Fels fällt, und nie zur Krafft und zum Gedeyhen kommt, der aber auch alle die verstockten Seelen beschimpfet, die ganz und gar unfruchtbar sind, und von der Jugend an, bis in ihr Alter, ungeachtet ihrer fetten Trift, auch noch nicht eine Pflanze der Gerechtigkeit aufzuweisen haben. Welche angenehme Quellen in dieser Einöde! als wenn Moses auch hier gewesen, und diese Felsen geschlagen hätte, daß sie ihre Brüste öfnen, und den Durstigen laben sollten. Welch ein vortreflich heller Bach! so frisch und kalt, daß unsere Hand bald darinnen zu starren beginnet, so ein reines Waßer, welches so wie die ganze Gegend kein giftig Thier noch Ungeziefer duldet. O! daß sie an ihren Besuchern leider! nicht so viel faules und unfläthiges Geschwätz, nicht so viel laue Christen, nicht so viele Schlangen und Ottergezüchte dulden dürfte!

Was mir immer vor andern ausnehmend wichtig gedünkt, ist dieses, daß man mitten in den Berg hinein gehen, und sich recht in seinen Eingeweiden, recht in den Archiven dieses majestätischen Pallastes umschauen kann. Es ist ein Weg vorhanden, zwar ein etwas mühsamer, über schmale Brücken und Stege, und so ist auch der ganze Weg schmal und Trübsal voll, den ich zum Himmel wandeln soll; Indeß doch ein Weg, der uns über etliche hundert Schritte und zwischen lauter solchen Felsen hindurch führet, die nicht anders scheinen, als ob sie mit Fleiß uns zu Liebe durchhauen wären. Handgreiflicher Beweis einer höhern Vorsehung! die nichts umsonst gemacht, die auch die Thüren nicht vergißt, wenn sie unterirdische Tempel baut, die auch zu rechter Zeit den rechten Eingang dem Menschen anweiset, und ihm unvermuthet aufthut, wenn er nur ungefähr anklopft. Augenscheinlicher Beweis eines Gottes, der sich nie unbezeugt läßt, eines gütigen Vaters, der seine Kinder in seine geheimste Kammer führt, und ihnen allenthalben den Vorhang aufzieht, um ihnen die innerste Schätze seiner Weisheit zu offenbaren, eines Königes aller Könige, dem nichts unmöglich ist, der Wege schaffen und durchbrechen kann, wo die größten Potentaten

nichts

nichts ausrichten würden, und wenn sie alle Aerzte und Hämmer in der ganzen Welt aufvöthen.

Allein hier frage ich dich nun, Mensch! wie wird dir, wenn du in diesen Klüften, zwischen diesen ungeheuren Felsen, besonders da durchgehest, wo sie unten kaum ein Paar Ellen breit sind, und auf beyden Seiten oben wie gebogen herüber hangen? Das ist zu wenig, daß du dich mit Jonathan, als er zwischen Bozez und Senne war, vergleichest. Vergleiche dich lieber mit Israel, da es durch das rothe Meer als zwischen zwo Mauren wandelte; denke aber auch dabey an Pharao, denke an dein Gewißen. Hurer! Mörder! Trunkenbold! Leichtsinniger! Pocht dir dein Herz nicht, wenn du dich hier gleichsam im engen Rachen des Todes siehest? Wie? wenn der ergrimmte Richter dich zur Steinigung verdammt hätte, wenn diese Wände auf einmal brächen, diese Felsen dich zerquetschten, und die Erde einen solchen Bösewicht in ihre unterste Tiefe verschlänge. Ich entsetze mich, wenn ich mich jenes Frevelers erinnere, der sich unterstand, die kupferne Tafeln, so ein gottseliger Freund zum Denkmaal angeheftet, mit diebischer List wegzureißen. Gott! wie blind, wie tollkühn kann uns der Geiz machen. Wäre es Wunder? wenn diese undankbare, diese schändliche Hand auch auf der Stelle wäre zu Steine geworden.

Laßt uns nunmehr hie und da stille stehen, und auch die besondern Seltenheiten unsers steinernen Schauplatzes noch genauer erwägen. O merket doch auf die wunderbaren Gestalten, wie sich die Weisheit des göttlichen Künstlers so gar mannigfaltig in die Steine gebildet hat. Was zeigen sich nicht schon von außen für bedenkliche Bilder, und nun sind Wunderdinge nicht nur zu sehen, sondern auch zu hören. Bald anfangs trit ein Herold hervor, der die erste Losung zum Preise unsers großen Schöpfers ausruft. Das bist du, unvergleichliches Echo! das uns vier bis sechs Sylben nachspricht. Welch ein deutlicher Wiederhall der leisesten Stimme! dieß merke dir, stiller Bether! zum Troste.

sie. Aber auch, welch ein gräßlicher Donner! wenn man ein Geschoß losbrennet. Und dieß sey dir zum Schrecken, wilder Flucher! Nun, wenn hier die Steine von Gottes Ehre reden, so muß auch der Mensch nicht schweigen. So rief ich denn zu ihm: Hörest du mich auch? und er frogte mich wieder: Ehrest du mich auch? Ich rief noch einmal: Dich will ich, Herr, ehren. Und ach! wie entzückt ward ich, da ich die Antwort: ich willig erhören, bekam. Nicht weit davon ist ein Stein, welcher, indem er wie ein umgekehrter Zuckerhut aussiehet, uns die verkehrte Welt anzeigt, wo das Oberste oft zu unterst stehet, die Gewalt über das Recht triumphiret, und der grobe Lügner die schwache Unschuld zu seinem Fußschemmel macht. Dort erscheinen zween Köpfe, wie eines Mannes und Weibes, davon der eine über sich, der andre unter sich siehet, als ob dieser die Tiefen, und jener die Höhen der Gottheit betrachtete. Hier ragt der Ueberrest einer Feueresse, wie bey dem Ruin eines abgebrannten Hauses hervor, so uns jenen Feuereyser des Herrn an unserm Hause vorstellt, den wir entweder schon empfunden, oder noch zu gewarten haben. Dort ist die Gestalt eines Galgens, der uns des falschen Hamans, und noch manchen ungerechten Haushalter seines eignen verdienten Lohnes erinnert; Und hier eines Todtenkopfes, das Zeichen unsrer Sterblichkeit. O ein trauriges Zeichen! wenn es besonders an diesem Platze in seiner Erhöhung dem Haupte eines Fürsten auf seinem Throne nicht unähnlich ist.

Je weiter wir in diese hohe Schule der Natur hinein gehen, je mehr treffen wir solche steinerne Lehrmeister an. Siehe eine Kanzel. Jedem, der vorbey gehet, prediget sie einen Gott, der sich nicht spotten läßt, und ruft ihm das Wort zu: Komm, und siehe. Siehe die Figur eines eingewindelten Kindes. Wem kommt dabey nicht derjenige ein, der dem Abraham auch aus den Steinen Kinder zu erwecken vermag. Siehe eine schwebende Brücke, deren Pfeiler Gottes Finger sind. So ungleich klüger kann er, als du deine Schlößer in die Luft bauen, und Eliam, wenn es ihm gefällt, so gar auf einen Wagen in den

in Abersbach.

den Wolken führen. Siehe, was sind dort für Riße, was für Spalte! Solche Wunden kann nur ein **Cherub** mit seinem feurigen Schwerdt hauen. Wie? oder sind das auch etwan die Felsen, welche bey der Creuzigung Christi zersprungen? Ach siehe! was liegt hier zu deinen Füßen? Wie kommt dieser unförmliche Klump, dieser Gipfel jenes Felsen hieher? Der Blitz hat ihn zerschmettert, und dieses Stück herunter gestürzt. Eben so ohne Hände, wie jener Stein herab gerißen ward, den Nebucadnezar im Traume sahe.

O du schrecklicher, o du mächtiger Herr Zebaoth! Wie stark ist dein Arm, wenn er im Grimme zuschlägt. Zittert doch, ihr Großen auf Erden, wenn ihr hie lernet, daß eure Kronen nicht fest stehen. Möchtet ihr euch doch beyzeiten demüthigen unter die gewaltige Hand Gottes! Möchte doch dein Wort, Herr, bey allen Sündern so ein Hammer seyn, der Felsen zerschmeißt! Und wo gerathen wir nun hin? Welch ein ungemeiner Anblick! Ach nun siehe erst ein Werk, das seinen Meister vor andern lobet. Siehe den vortreflichen Waßerfall. Hier stehe, und erstaune. Diese Anfangs dunkle Höhle, dieser saubre Keller, diese regelmäßigen Gewölber, dieses von oben offene und lichte Gemach, dieser herunter rauschende Bach, dieser volle Keßel, was meynest du dazu, wenn du diese Waßer über der Weste, diese steinerne Waßerkrüge, kurz! diese heimliche Schönheiten erblickst? Nicht so, du denkst, wie ich: Fürwahr, du bist ein verborgener Gott. Vor dir müßen sich beugen alle Knie, die auf Erden und unter der Erde sind. O laß auch auf mein Gewißen ein Gnadentröpflein fließen!

Jedoch, es ist noch etwas, so wir unmöglich vergeßen dürfen. Menschen! sehet auch an diesem Steingebirge die unverwerflichen Zeugen der ehmaligen Sündfluth. Kaum aber sage ich dieß, so erhebt auch vielleicht der Unglaube seine Stimme. Da lacht der Spötter, da ruft er: Einfalt! Träume! Mährlein! aus. Ich wundere mich nicht, wenn ich den Löwen auch hier brüllen höre, und wenn auch diese unschuldige Steinen zu Felsen des Aergernißes werden. Lacht immer merhin, unsinnige Freydenker! ich denke, ich sage es auch frey, daß ihr lächerlich seyd. Wißet aber auch, daß der Stein, den die Bauleute einst verwarfen, dennoch ein köstlicher Eckstein war, und wißet, daß ihr mit Berggöttern zu thun habt, denen ihr nichts angewinnen werdet.

Nun, entweder diese Steine sind von sich selbst geworden, (doch ein läppischer Gedanke, der nur ins Tollhaus gehöret;) oder es ist ausgemacht, daß sie Gott geschaffen hat. Unmöglich kann aber die Welt noch just in allen Stücken die Form haben, wie damals, da sie erst aus der Hand ihres Schöpfers kam. Denn Lieber! warum sieht die Fläche des Erdbodens so zerrißen und ungestalt aus? Und wenn auch Berg und Stein bald mit jenem Schöpfungstage entstanden, warum hängt dieser Berg nicht wie andre erhabene Gegenden an einander? Warum ist er so gespalten, so durchwühlet? Warum ist er nicht auch wie andre mit Erde bedeckt? Warum liegen die Schichten hier nicht wie sonst wagrecht über einander? Warum stehen diese Steinsäulen so gerade aufwärts? Siehe den Schlüßel zu allen diesen Räthseln, wenn wir uns auf jene große Weltüberschwemmung berufen. Wenn dazumal die Tiefen und Abgründe auf den Befehl des Höchsten aufbrachen, so brach hingegen die Erdfläche mit solchem Ungestüm hin und wieder ein, daß die Felsen bey diesem Umsturz die Spitzen herauf kehrten, daß mancher Berg gar verschwand, und neue Seen und Meere hervor traten. Beweises gnug solcher entsetzlichen doch auch möglichen Veränderung, wenn noch heut zu Tage durch ein Erdbeben ganze Städte und Wälder versinken, und wir nicht selten Fische, Muscheln, Bäume, mitten in der Erde finden. Da ferner bey der allgemeinen Ueberschwemmung der Welt das Waßer sich bewegte, und das Land trocknete, so geschah es denn, daß der Erdboden an den Spitzen der Berge, und nach und nach weiter herunter an ihren Anhöhen abgeschweift wurde, und die gegenwärtige Gestalt der Erde zum Vorschein kam.

So kann es denn auch leicht seyn, daß unser Revier eine Zeitlang nach

in Adersbach

nach der Sündfluth eine große See vorgestellet, in welcher diese Felsen auf dem Grunde gestanden, davon die Wäßer sich durch einen etwa in Norden geschehenen Erdfall weggezogen, und diese Steinklippen zurück gelaßen haben. Noch wahrscheinlicher ist diese Gegend nach ihrer Erschaffung ein Sandberg gewesen, den hernach die Wäßer der Sündfluth durchrißen, welche theils manche Felsen durch die Ansetzung eines dichten Leimes und Kießes, wie mit einer neuen Haut und Futteral überzogen, daher sie wie Degen in der Scheide, oder Eicheln in ihren Schalen stecken, theils andern durch Wegnahme der sie umgebenden Erde gleichsam Haut und Fleisch abgezogen, so daß nur zuletzt das Gerippe und Beingerüste dieses Berges stehen blieben. Aber welch beträchtliche, welche ausnehmend rührende Geschichte sind das! So lerne ich hier einen Gott kennen, der Berge versetzen, und sie mit einem Wink ins Meer werfen kann. Was sage ich! wie leicht kann er auch alle Steine von meinem Herzen wegnehmen. So lerne ich auch einen Gott glauben, deßen Wort nicht trügt, wenn er mir droht, der, wenn er die ganze Welt ersäuffen, auch mich elende Made leicht zertreten kann. So lerne ich aufs neue den Stachel der Sünde fühlen, wie mich Ungehorsamen Himmel und Erde verfolgen. Schreib dir doch, ernster Geist! diese wichtige Wahrheit auch mit steinernen Griffeln an.

Allein, warum ist denn nur Böhmen, nur Adersbach vor andern Orten so vorzüglich? Was bedeutet denn dieser Winkel gegen den ganzen Erdkreis? Haben etwan hier die größten Sünder gewohnet? Warum hat jene Strafsluth nicht auch anderwärts dergleichen Andenken gestiftet? Ich muß bekennen, daß ich auf diese Fragen nicht antworten kann. Aber eben das macht unsern weisen Regenten noch einmal so ehrwürdig, daß seine Gedanken höher als Menschen Gedanken sind, und er unsrer vorwitzigen Vernunft ein Siegel auf den Mund drückt. Indeß sind dergleichen Denkmaale auch sonst selten oder gar nicht mehr in unsern Landen, so sind ihrer vielleicht destomehr in solchen Welttheilen, wo weniger Bibeln sind. Doch giebt es noch allenthalben einzelne Felsen von der Art, und wie, wenn Gott mit guten Vorbedacht

bedacht eine Seltenheit daraus gemacht hätte, damit wir darauf desto aufmerksamer würden. Ein Comet fällt uns immer mehr ins Auge, als ein gemeiner Stern. Wer würde die Diamanten, wenn sie auf allen Gaßen lägen, wer würde Gott selber achten, wenn er viel seines gleichen hätte?

Aber warum sind diese Spitzsäulen nicht längst umgefallen? Wie können sie bey den Sturmwinden, wie können sie im Waßer, da sie der Regen und Schnee noch täglich mehr auswäscht, wie können besonders die, welche unten ganz schmal sind, so lange und so fest stehen? So hat schon mancher vor zwanzig Jahren gefragt, und er muß sich heute noch schämen. Er hat diese baufällige Pyramiden, denen er nach seiner Einsicht kaum einen Tag mehr Frist gegeben, immer so wieder gefunden, wie er sie verlaßen, und auch immer die Ueberschrift: Eben-ezer, an ihnen erblickt. Es wacht ein Hüter Israel, der alles trägt mit seinem kräfftigen Worte. Unter deßen Schirmen ist man für den Stürmen aller Feinde frey. Wen er erhalten will, der versinkt nicht, und wenn er mit Petro mitten aufs Meer träte. Nein! nein! ihr fallt nicht, ihr alten Zeugen der ersten Welt, ihr müßet stehen bleiben, ihr Ehrensäulen der Gerechtigkeit, ihr steinernen Tafeln, die ihr uns die Gesetze des Schöpfers und den Fluch seiner Beleidiger lehret, ihr Grenzsteine der göttlichen Rache, ihr Zeichen des Bundes, die ihr uns auf Erden, so wie der Regenbogen am Himmel den Trost gebet, daß der Erbarmer mit keinen solchen Ruthen eines allgemeinen Verderbens mehr stäupen wolle.

O Adersbach! deine Segen sind noch größer als deine Steine; und je mehr man dich ansiehet, je mehr erhebt die Andacht ihr Herz. Trefliches Bild der Kirche Christi! die auf einen Fels gebauet ist, und die Pforten der Höllen nicht überwältigen können. Wie herrlich muß erst der Fels des Heyls seyn, und wenn hier einst eine Zuflucht, eine Freystadt der Bedrängten in Kriegszeiten war, wie ungleich sichrer wird meine Seele, die gescheuchte Taube in den Felslöchern und Steinritzen

ritzen, in den Wunden meines unüberwindlichen Erlösers ruhen. Fürchterlicher Spiegel des Todes! dieses durchfreßne Steingerippe zeigt mir meine künftige Gestalt, an der auch nichts als Bein und Knochen übrig seyn wird. Wie viele Leichname mögen in dieser Gegend verfaulet seyn, die jene Sündfluth hier eingescharret hat. An welcher Stäte werde ich mein Sterbebette aufschlagen, und welcher Stein wird mich armen Sünder decken? Jämmerliche Wahlstatt des letzten Gerichts! es kommt ein Tag, der alle diese Felsen wie Wachs zerschmelzen, und da kein Stein auf dem andern bleiben wird. Doch ich wanke nicht; ich bin morgen, wie heute; ich thue recht, und scheue niemand. Ehrlich währt ewig. So denkt Gott, laßt uns auch so denken! O das sind christliche, das sind schöne Gedanken.

Pfalm 101, v. 1.

Von Gnade und Recht will ich singen, und dir, Herr, lobsagen.

Da liegst du nun, o Adersbach!
O welch ein angenehmes Schrecken!
Das, was ich fühle, zu entdecken,
Ist Kiel und Zunge viel zu schwach.
Ach unvergleichliches Gefilde!
Mein Aug und Herz wird gar zu voll;
Kaum weis ich, unter welchem Bilde
Mein Witz dich recht entwerfen soll.

Die Riesen haben wohl gestürmt?
Nun glaub ich, was die Dichter sagen:
Dort hat man Felsen abgetragen,
Und hier dagegen aufgethürmt.
Wie? oder haben Enacks Erben
Dergleichen Säulwerk ausgehaun,
Um mit der Zeit nicht ganz zu sterben,
Um sich ein Denkmaal aufzubaun?

Der Chrift

 Vielleicht ist das, was mich vergnügt,
Ein königliches Heldenbette,
Wo neben seinem Heergewette
 So mancher Gog und Magog liegt.
Doch nein! es sind ja Pyramiden;
 Wiewohl, die sind zu weit entfernt,
Es hätte den der Nord dem Süden
 Den Stolz der Gräber abgelernt.

 Wie viel ist, was sich denken läßt!
Schon manchem hat es hier geschienen,
Als säh er prächtige Ruinen,
 Zerstörter Schlößer stolzen Rest.
Ich darf der Phantasie gebieten,
 So schau ich Tempel angelegt,
Wie sie die Kunst der Moslemiten
 Am Bosphor auszuführen pflegt.

 Bald weis ich nicht, woran ich bin,
Was soll ich denn nun endlich glauben?
O! möcht es mir die Furcht erlauben,
 Ich nahte . . . Ja! nun nah ich hin.
Sieh da! hier steht nun eine Klippe,
 Wo erst ein Thurm von Memphis stand;
Jetzt find ich dort ein Berggerippe,
 Wo ich zuvor ein Stambol fand.

in Abersbach.

Berg! konnte dich ein Spiel der Zeit
So nach und nach zusammen lesen?
Liegt etwan gar in deinem Wesen
  Der Grund von deiner Wirklichkeit?
Nein! wer dich sieht, wird eingenommen,
  Du bist zu schön zum Ungefähr;
Schön bist du, doch noch unvollkommen,
  Wie kämst du von dir selber her?

  Hier seh und greif ich eine Spur
Von lauter Weisheit, Gnad und Stärke;
Wie wunderbar sind deine Werke,
  Gott, Schöpfer! Vater der Natur!
Trit her, Spinozens dummer Jünger,
  Du starker, nein! du schwacher Geist!
Schau, jeder Stein ist Gottes Finger,
  Der dich auf beßre Schlüße weist.

  Seht, Thoren, welch ein Bau ist das!
O kommt, und seht doch, was für Steine!
Wer schuf sie? wißt ihr, wen ich meyne;
  Der Zufall ist, ich weiß nicht was.
Verstummen müßt ihr, freche Mäuler,
  Was kehr ich mich an euren Spott;
Ich geh und schreib an jeden Pfeiler:
  Hallelujah! der Herr ist Gott!

Der Christ

Der Herr ist Gott; nur aufgeschaut!
Gott über alle Berg und Thäler;
Was hat er sich vor Ehrenmäler
    In diesen Sümpfen aufgebaut!
Er ists, der diese Steingewichte,
    Für denen sich der Mensch entsetzt,
Wie Stäublein an dem Sonnenlichte,
    Wie Scherflein auf der Wage schätzt.

Du sprachst, o Herr! und es geschah;
Du sprachst, du wolltest nur: Es werde!
So ward der Himmel und die Erde,
    So stand die ganze Schöpfung da.
Die Breiten setzten sich herunter,
    Die Berge giengen hoch hervor,
Der Wiesen Schmuck ward immer bunter,
    Und jeder Wald ein lautes Chor.

Auch hier, wo wir nun Spitzen sehn,
Die schröcklich schön das Auge füllen,
Hier mußte sich nach deinem Willen
    Ein stattliches Gebirge blähn.
O Berg! was hast du denn erfahren?
    Welch Unstern that dir denn Gewalt?
Wie bist du nun seit langen Jahren
    So liebenswürdig ungestalt?

in Adersbach.

Die Erde sprach dem Himmel Hohn,
Man trotzte dich, Gott aller Götter!
Du suchtest noch die rohen Spötter
　　Durch manche Warnung fromm zu drohn;
Umsonst! nun zogst du deine Schleußen,
　　Der Himmel goß ein neues Meer,
Der Schlauch des Abgrunds mußte reißen,
　　Er riß und gab die Sündfluth her.

　　Da wälzten sich in großer Schaar
Des Meeres schuppichte Tyrannen,
Wo sonst der Reiger auf den Tannen
　　Der kleinen Sänger Schrecken war;
Wo sonst der Eber im Gebüsche
　　Das wurzelreiche Land zerriß,
Da war es, wo der Prinz der Fische,
　　Der Wallfisch, ganze Ströme blies.

　　So ward die Erde tief versenkt,
Und den verwegnen Unterthanen
Mit ungeheuren Oceanen
　　Ihr toller Aufruhr eingetränkt.
Was rauschten da für starke Wellen,
　　Als eine Fluth der andern rief,
Bis das Gewäßer funfzehn Ellen
　　Selbst über Pic und Athos lief.

Der Christ

Es fiel auf einen Wink von dir,
Es fiel, die Arche ließ sich nieder;
Die höchsten Gipfel bleckten wieder,
   Und dieser sah nun auch herfür.
Doch, o wie kläglich! o wie wüste!
Kaum, daß er sich noch ähnlich sah,
Nun stand ein steinernes Gerüste
   Der späten Welt zum Wunder da.

Gerechter Gott! dergleichen Fluch
Hat zwar die Welt nicht mehr zerrißen,
Doch fehlt es nie an Waßergüßen;
   Doch stürzte mancher Wolkenbruch.
So ward der Berg, wie wir vermuthen,
   Von Zeit zu Zeit noch mehr zerwühlt,
Und durch die wiederholten Fluthen
   Bis auf die Wurzel ausgespühlt.

Hinein! fast hätt ich mich gesäumt,
Dieß Werk genauer anzustarren.
Hinein! was darf ich länger harren,
   Gott hat ja selbst die Bahn geräumt.
O daß mich nur kein Fall verschütte!
Getrost! ich wage mich hinzu,
Und rufe fast bey jedem Schritte:
   Wie groß! o Gott, wie groß bist du!

in Abersbach.

Wie groß bist du! wer ruft mir nach?
Wer wiederholt auch diese Worte?
Ein Fels nicht weit von diesem Orte,
   An dem sich jede Sylbe brach.
Wie laut, wie deutlich sind die Töne,
   Wenn man den rechten Platz betrit;
Hier höhnt mich Echo, wenn ich höhne,
   Hier lacht und singt und pfeift sie mit.

So klag ich manchem, was mir fehlt,
Ich klag, und wills verschwiegen haben:
Er spricht: Das wird mit mir begraben,
   Das hast du einem Stein' erzehlt.
Doch nur Geduld! Es wird sich zeigen,
   Wie schlecht er seinen Mund bewahrt;
Nicht alle Steine können schweigen,
   Er ist ein Stein von solcher Art.

Herr! laß mich keinen Heuchler seyn,
Noch auf den Weg der Schwätzer treten,
Die fast wie Echo singen, bethen,
   Und viel von deinem Worte schreyn.
Sie schmecken nichts von deinen Lehren,
   Und plaudern dennoch unverzagt,
Blos, weil sie es von andern hören,
   Man hat es ihnen vorgesagt.

Lacht immer über jenes Weib,
Und spottet sie mit ihren Falten;
Mir ist der Anblick dieser Alten
　　Mehr als ein bloßer Zeitvertreib.
So wurde jenes Weib zur Säule,
　　So starrte sie, so stand sie da,
Als sie, nach scharf befohlner Eile,
　　Doch hinter sich auf Sodom sah!

　　Das merke, wer es hört und liest!—
Mensch! laß dich nicht zurück gelüsten,
Wenn deine Seele von den Brüsten
　　Der geilen Welt entwöhnet ist.
Dein Herz wird immer mehr verdorben,
　　Je mehr es ihre Lust begehrt;
Es wird, wie Nabals Herz, erstorben,
　　Und schier in einen Stein verkehrt.

　　O welch ein Fels! wie kann er stehn?
Er steht ja nur auf einer Spitze;
Kaum daß ich so viel Herz besitze,
　　Bey dieser Last vorbey zu gehn.
Was soll ich thun? Ich will es wagen,
　　Ich bin vorbey! O das ist gut!
Doch seht! Er ist nicht umgeschlagen,
　　Der umgekehrte Zuckerhut.

in Adersbach.

 Wie manchmal steh ich eben so;
Das heißt, ich steh auf schwachen Füßen,
Und die ein Bubenstück beschlüßen,
 Sind über meine Schwäche froh.
Die Neider fangen an zu raunen:
 Das, das ist recht! Nun fällt er hin!
Bald aber müßen sie erstaunen,
 Daß ich noch nicht gefallen bin.

 Mein Held! das dank ich deiner Hand,
Sonst müßte Fuß und Schulter biegen.
Ich werde nicht danieder liegen,
 Und hieng ich auch wie eine Wand.
Schon lang ist dieser Fels verdächtig,
 Und doch erhält ihn deine Kraft;
Ist die in meiner Schwachheit mächtig,
 So werd ich stark und dauerhaft.

 O seht! wer hätte das gemeynt?
Die Klippe schmückt sich mit Gewächsen,
In deren ausgesogne Flechsen
 Sie täglich frische Säfte weint.
Wer Gott als seinen Hort besitzet,
 Der merkt, wie viel ein Christ gewinnt,
Dem auch aus Felsen Honig schwitzet,
 Und Oel aus harten Steinen rinnt.

Der Christ

Hinüber! über jenen Fluß,
Der bald zur Linken bald zur Rechten
Sich mühsam um die Felsen flechten
Und seine Bahn erst suchen muß.
Wie sanft, wie heimlich eilt die Quelle,
Die nichts von Ungeziefer nährt;
Wo nur die reinliche Forelle,
Recht wie ein Pfeil, vorüber fährt.

Du führst mich, Herr, auf ebner Bahn,
Und doch auf sehr verschlungnen Wegen.
Das fällt wohl manchem ungelegen,
Mir aber ist es wohl gethan.
Wie dieser Bach durch tausend Kräuter,
So fließt indessen meine Zeit,
Sie fließt mit sachtem immer weiter,
Und schleicht ins Meer der Ewigkeit.

Ja! leb ich auch in voller Lust,
Bin ich gesund, und klug, und edel,
Doch ruft mir jener gelbe Schädel:
Bedenke, daß du sterben mußt.
Der Tod wird mich zu Boden stoßen,
Ich falle, wenn die Stunde schlägt,
Und hätt ich auch nach Art der Großen,
Mein Nest in einen Fels gelegt.

in Adersbach.

Ein neuer Anblick, der mich rührt!
Herr! mich durchbebt ein froher Schauer;
Wer hat denn dort so manche Mauer
    Recht aus dem Ganzen aufgeführt?
Behüte! was für steile Wände!
    Welch eine fürchterliche Pracht!
Das ist kein Werk für Menschen Hände,
    So standhaft baut nur deine Macht.

Nur immer fort, in jene Kluft,
Da ich die schönsten Grotten finde,
Hier rauscht kein Odem starker Winde,
    Kaum seufzet eine kühle Luft;
Hier, wo die Zweige junger Erlen
    Der Sonne niemals widerstehn;
Hier ist es, wo des Grases Perlen
    Auch um den Mittag nicht zergehn.

So stand vor Gottes Majestät
Elias dort in Horebs Höle;
Es sauste sanft, und seiner Seele
    Ward Trost und Hofnung zugeweht.
So mag ich auch die Kluft beschreiben,
    Die dort sich über Mosen hieng,
Als, seinen Kummer zu vertreiben,
    Der Herr bey ihm vorüber gieng."

Der Christ

Mein Heyl! versucht der Bösewicht
In heißer Angst mich abzumatten,
So setz ich mich in deinen Schatten,
    Wo weder Mond noch Sonne sticht.
Kommt, Menschen, kommt doch zu Verstande,
    Sucht Jesum, wenn ihr Schutz bedürft,
Der, wie ein Fels im trocknen Lande,
    Dem matten Pilger Schatten wirft.

Ey! was für Spalten find ich hier!
Ey! was für Rieße seh ich gähnen!
Bald möcht ich mich von hinnen sehnen,
    Die Erde berstet über mir.
So gaffte sie mit weitem Munde,
    So, ja noch ärger, gaffte sie,
Da Jesus um die neunte Stunde
    Die Felsen aus einander schrie.

Nun, Freund! ich denk an deinen Schmerz,
Da steht dein Kreuz auf jenem Steine,
Wofern ich hier nicht heimlich weine,
    So hab ich wohl ein steinern Herz.
Die Steine mußt es selbst erbarmen,
    Da du in deiner Noth vergiengst;
Da du auch mir mit offnen Armen
    So brüderlich entgegen hiengst.

in Adersbach.

  Wohl angebracht! dort jenes Bild
Ist wie ein Habicht ausgehauen;
Hier spannt er wirklich seine Klauen,
  Und zielt auf schwächres Federwild.
Hier wetzt der Uhu seinen Schnabel,
  Hier ist es, wo die Eule lauscht,
Und, gleichwie dort im wüsten Babel
  Die schlimme Brut der Ohim rauscht.

  Die schlimme Brut, sie stiehlt und würgt,
Sie lebt allein von Blut und Raube.
Seht aber, wie die Turteltaube
  Sich dort in einen Ritz verbirgt.
Nun läßt sie alle Wetter stürmen,
  Und droht ihr Arglist und Gewalt,
Sie weis sich Rath, in jenen Thürmen
  Erschwingt sie sichren Aufenthalt.

  Ach Herr! so nehm ich auch die Flucht,
Wie eine Taube vor dem Sperber,
Wenn mich der höllische Verderber,
  Der alte Weih, zu fressen sucht.
So flieh ich, wenn in bösen Stunden
  Mich schwere Wetter überziehn;
Wo soll ich hin? in deine Wunden,
  In deine Seite will ich fliehn.

Geht!

Der Christ

Seht! jeder Vogel hat sein Haus,
Sein Nest, in dem ihn niemand stöhret.
Und, o das hat ihn Gott gelehret!
    Er höhlt sich selbst die Felsen aus.
Seht jeder Fuchs hat seine Grube;
    Gott räumt mir auch mein Stellchen ein,
Gesetzt, es wäre keine Stube,
    So wird es eine Kammer seyn.

Und er, der alle Welt versorgt,
Er war so glücklich nicht zu preisen,
Nichts eignes hatt' er aufzuweisen,
    So gar sein Grab war nur geborgt.
Wie dürftig ward er meinetwegen!
    Er kam und hatte keinen Raum.
Er suchte Platz sein Haupt zu legen,
    So wenig, und er fand ihn kaum.

Aus jenem Stein entsprang ein Kind,
Ein Lehrbild für die Uebelthäter,
Die auf den Glauben ihrer Väter
    So stolz, wie dort die Juden sind.
Gott muß sie schonen, wie sie meynen,
    O dächten doch die Thoren dran:
Daß er sich Kinder aus den Steinen,
    An ihrer Statt, erwecken kann.

in Adersbach.

Hier quillt ein flüßiger Krystall,
Hier unten — Und was braust dort oben?
Nun das ist wahr! das muß ich loben!
Das ist ein rechter Waßerfall!
Da rollt ein Bach durch Stein' und Hecken,
Der Hang beschleunigt seinen Lauf,
Nun stürzt er, ein geraumes Becken,
Ein tiefer Keßel fängt ihn auf.

Der du aus Felsen Waßer zwingst,
Den Flüßen ihren Weg bereitest,
Die Ströme zu dem Meere leitest,
Und sie von dannen wiederbringst,
Wie mußtest du am Holze schmachten!
Mich dürstet! rieffst du sterbenskrank,
Und ach! was dir die Mörder brachten,
War ein vergällter Eßigtrank.

O der war bitter! der war scharf!
Doch hast du ihn nicht ausgeschlagen,
Damit mein Herz in heißen Tagen
Nicht ohne Trost zerlechzen darf.
Dir sprang man in den letzten Zügen
Mit keinem Tropfen Waßer bey,
Daß ich in himmlischen Vergnügen
Von deinen Gütern trunken sey.

Nun mag die Welt sich Brunnen haun,
Und mir zu solchen Pfützen winken,
Ich will mich da nicht durstig trinken,
Für ihrem Schlamme soll mir graun!

Der Christ

Weg, ihr Cascaden reicher Fürsten!
   Wo Erz und Marmor Flüße speyt,
Nach Jesu soll die Seele dürsten,
   So wie ein Hirsch nach Waßer schreyt.

Dort wird mir eine Burg genennt,
Dort stürmten Männer, fast wie Riesen;
Sie wird genennt, doch kaum gewiesen,
   Kaum daß man ihre Städte kennt.
Hier hüpfen nun vielleicht die Zwerge,
   Wofern es solche Völker giebt;
So schleift der Herr die Raubeberge,
Mein König, der den Frieden liebt.

Du meine Burg! erreich ich dich,
So muß der Feind mich wohl verschonen;
Mich ängsten schwarze Legionen,
   Und bittre Menschen rotten sich,
Es rotten sich so gar die Lahmen;
   Jedoch, was fürcht ich Mann und Roß?
Mein Glaube trotzt auf deinen Namen.
   Der ist und bleibt ein festes Schloß.

Was liegt denn hier für eine Last?
Sie fiel, o Gott, von deinem Blitze,
Und ist ein Stück der nächsten Spitze,
   Das du herab geschmettert hast.
So wird einmal dein Donner zürnen,
   Wie wird es da den Stirnen gehn,
Den Stein- und Eisen- festen Stirnen,
   Die allen Schlägen widerstehn.

in Abersbach.

Das war ein Fall, der wichtig hieß;
Wie heultet ihr, ihr hohen Felsen,
Da Gott von euren starken Hälsen
    Ein einzig Haupt herunter riß!
O welch ein Schlag wird uns betäuben,
    Wenn ihr nun alle brecht und fallt!
Kein Stein wird auf dem andern bleiben,
    So bald der letzte Donner knallt.

    Du kommst, o Herr! der Spötter bebt,
Denn um dich her sind Feuerflammen;
Nun schreyt er: Hügel! stürzt zusammen!
    Er lebt, und zittert, daß er lebt.
Du hast ihm lange gnug geschwiegen,
    Nun redest du, und er wird stumm;
O! käm ein Berg auf ihn zu liegen,
    Er gebe goldne Berge drum.

    Mein Auge sieht sich müd und matt,
Allein bey so viel Seltenheiten,
Die prächtig um den Vorzug streiten,
    Sieht sich das Auge nimmer satt.
Ich seh, je länger desto lieber,
    O rarer Berg! O Wunderthal!
Und käm ich tausendmal herüber,
    Du rührst mich alle tausendmal.

    Wills Gott, so sey es fest gestellt,
So soll die Lust in deinen Gängen
Noch oft sich mit der Andacht mengen,
    Die jeden Stein für Bethel hält.

Der Christ in Abersbach.

Und muß ich auch die Welt verlaßen,
   Die Welt und dich; es mag geschehn!
Ach dort! auf Salems lichten Gaßen,
   Dort werd ich andre Steine sehn.

Nun, Gott ist groß von Rath und That,
Er schuf, erhält und sitzt am Ruder.
Ihn predigt jener Ordensbruder,
   Der doch noch nie gepredigt hat.
Ihn predigt jene Kanzel selber,
   Kein Redner darf sich hier bemühn;
Ihn predigen die Steingewölber,
   Die ganze Gegend predigt ihn.

Ja, großer Herr! hier seh ich bloß,
Wie einen Saum von deinen Werken,
Und dennoch kann ich hier schon merken:
   Du bist gar unbeschreiblich groß.
Du bist der Schöpfer aller Dinge,
   Den alles, was erschaffen heißt,
Vom Cherub bis zum Schmetterlinge,
   Vom Sterne bis zum Kiesel preißt.

Dein Lob sey ewig meine Pflicht,
O möcht ich Davids Triebe fühlen!
Jedoch dein ganzes Lob zu spielen,
   So stolz ist meine Seele nicht.
Sie mag den guten Willen zeigen,
   Dort wird ihr Lied erhabner seyn;
Wohlan! ich singe; wollt ich schweigen,
   So würden diese Steine schreyn.